POR QUÉ NECESITAS COMENZAR A HACER REDES DE MERCADEO

Cómo Eliminar El Riesgo Y Tener Una Vida Mejor

KEITH SCHREITER

ISBN: 1-892366-68-1

ISBN-13: 978-1-892366-68-9

TABLA DE CONTENIDOS

PREFACIO.

Redes de mercadeo no es la única profesión, pero ciertamente es una profesión grandiosa. No sólo ofrece libertad financiera, sino también el tiempo para disfrutarla.

Yo fui afortunado de comenzar en redes de mercadeo en 1994, y desde entonces nunca he mirado atrás. No sólo las redes de mercadeo cambiaron mi vida, sino la vida de miles de personas a quienes he introducido en ello.

¿El secreto?

Simplemente comparte las buenas noticias, "Podemos reducir el riesgo en nuestras vidas… ¡ahora!"

¿Cómo?

No tenemos que tener todos nuestros huevos en una sola canasta. Si dependemos sólo de un empleo, podríamos recibir un recorte salarial de 100% en cualquier momento. Eso es demasiado riesgo para la mayoría de nosotros.

Un simple ingreso extra de una red de mercadeo es nuestro seguro contra esta catástrofe.

Mejor aún, un ingreso de tiempo completo de una red de mercadeo realmente nos permite vivir sin preocupaciones.

Lo mejor de todo, un ingreso gigante de una red de mercadeo, puede cambiar nuestra vida de una manera increíble. Atravesamos por esta vida sólo una vez. Podríamos hacer del viaje algo más emocionante.

Comencemos ahora con tu historia.

—*Keith Schreiter*

INCREÍBLE… PERO CIERTO.

¿Por qué redes de mercadeo?

Juan y María ganan $80,000 USD al año.

A diferencia de la mayoría, Juan y María de hecho gastan menos de lo que ganan. Cada año, gastan $79,000 USD en la hipoteca, el auto, y gastos de la familia.

Después de un año completo de trabajo, Juan y María sólo tienen $1,000 USD que pueden llamar suyos.

Ahora, llegamos nosotros. Le mostramos a Juan y María cómo ganar $500 USD extras al mes en su negocio de medio tiempo en redes de mercadeo.

Eso son unos $6,000 USD adicionales cada año para ellos.

¡Su ingreso extra ahora es seis veces más grande!

¿La mejor parte? Ellos pueden aprender a ganar estos $500 USD extras al mes en medio tiempo. Esto no interfiere con sus empleos actuales.

Pero, ¿qué tal si apoyamos a Juan y María a que ganen $2,000 USD extras al mes? ¡Eso es $24,000 USD extras al año!

¿Cambiarían sus vidas? ¡Yo creo que sí! Ahora, cuando el jefe insista en hacer ese proyecto adicional y trabajo en horas extra en la oficina, María podría considerarlo como algo opcional.

O mejor aún, ¿qué tal si pudiésemos apoyar a Juan y María a ganar lo suficiente para renunciar a su empleo? Podrían rescatar a sus niños de la guardería, venderle su despertador al vecino, y pasar tiempo con las personas que aman. Eso sería un sueño de cambio de vida hecho realidad.

¿Estamos listos para cambiar nuestras vidas, y tal vez las vidas de algunos otros? Continuemos.

¡QUE TE PAGUEN POR LO QUE YA ESTÁS HACIENDO!

Esta es una opción de negocio de medio tiempo que no deberíamos rechazar.

Las redes de mercadeo son simplemente **recomendar** y **promover** lo que nos gusta.

"Todos hacen redes de mercadeo todos los días, pero algunas personas no reciben dinero por ello."

Recomendamos restaurantes, música, películas, lugares para ir de compras e incluso lugares para ir de vacaciones. Recomendar y promover está en nuestra sangre. Los seres humanos, por naturaleza, recomiendan lo que les gusta.

Eso significa que todos hacen redes de mercadeo a diario, ¿correcto?

Entonces, ¿por qué no darnos una opción que no podemos rechazar?

Simplemente digamos esto para nosotros mismos:

"Ya estoy haciendo redes de mercadeo todos los días. Puedo ganar dinero por ello... o continuar haciéndolo gratis. La decisión está en mí. Y si decido continuar haciéndolo gratis, está bien. El trabajo de caridad es bueno. Hace que el mundo sea un mejor lugar."

Y luego debemos decidir.

- ¿Cobrar por ello?
- ¿O continuamos haciéndolo gratuitamente?

¿Tengo que ser vendedor?

No. Pero tenemos que recomendar lo que nos gusta. La mayoría de los adultos tiene habilidades de comunicación naturales. Convencimos a alguien de salir en una cita con nosotros, o a alguien de que nos contratara en una entrevista de trabajo.

Sólo tenemos que ser nosotros mismos, y recomendar lo que de verdad nos gusta. ¿Alguna vez has recomendado algo como lo siguiente?

- Una guardería para los niños.
- Una página de internet.
- Un restaurante con comida deliciosa.
- Una nueva película.
- Tu grupo musical favorito.
- Tu marca favorita de autos.
- Una tienda con ofertas de liquidación.

- Un dentista.
- Un médico.
- Un festival de fin de semana próximo.
- Un libro muy bueno.

Bueno, eso es hacer redes de mercadeo.

¿Qué es lo que todos los mayores de cuatro años comercializan en red?

Una broma.

Tan pronto como escuchamos una buena broma, ¿qué es lo que hacemos? Le pasamos la broma a nuestros amigos. Eso es hacer redes. Todo mundo arriba de cuatro años escucha buenas bromas y rápidamente las cuenta a sus amigos. Es natural. Hacer redes con amigos. Redes con nuestro mercado caliente.

¿Y qué ocurre si escuchamos un chiste que no nos gusta? No lo pasamos. Eso es parte de hacer redes también. Sólo promovemos y recomendamos las cosas que nos gustan.

Cualquiera puede responder estas preguntas.

P. ¿Verdadero o falso? Dos cheques son mejores que uno.

R. _____

P. ¿Verdadero o falso? Es más fácil hacerse rico con un cheque extra.

R. _____

Así que, ¿por qué no recibir un pago por recomendar algo que te gusta?

INGRESO RESIDUAL Y GASTO RESIDUAL.

Los "gastos residuales" son muy comunes. La factura por la electricidad, el gas, la hipoteca, la mensualidad del auto. Estas facturas seguirán llegando, mes tras mes tras mes.

¿Y qué es el ingreso residual?

"Ingreso residual es algo que recibes cada mes antes de que salgas de tu cama."

Elvis Presley debería ser el emblema del ingreso residual. Sus herederos ganan más en ingresos residuales ahora de lo que ganaban cuando Elvis estaba trabajando.

El ingreso residual es lo contrario a los gastos residuales. Este dinero nos llega mes tras mes tras mes. El ingreso residual significa que hacemos algo bien una sola ocasión y recibimos un pago por ese evento una y otra y otra vez.

Por ejemplo, referimos un cliente a una compañía. Cada mes que el cliente compra, nosotros recibimos un pago. Es simple, y una muy buena manera de compensar esos gastos residuales.

¿No sería bueno si recibiéramos un cheque residual cada mes, que pagara todos esos gastos residuales?

¡Significa que podríamos gastar nuestro cheque principal en nosotros!

¿Emocionante? ¡Claro!

Compara eso con la desesperación que muchas personas tienen. Todos los meses, trabajan largas horas lejos de sus familias. Cuando reciben su cheque, tienen que pagar todas esas facturas. No sobra nada del cheque para ellos.

No es sorpresa que las personas caigan en depresión. Trabajan durante toda su vida y todo lo que ganan se lo dan a otras personas. Eso es triste.

Las redes de mercadeo nos apoyan para salir adelante. Más dinero para nosotros, y podemos estar adelante de todos esos gastos residuales.

POR QUÉ LAS REDES DE MERCADEO FUNCIONAN.

Esta simple explicación explica por qué las redes de mercadeo son la mejor manera para que las compañías se conecten con los clientes.

BMW.

Imagina que estamos dando una conferencia para 100 personas. Les preguntamos: –¿Cuántos de ustedes han visto un comercial de autos BMW?

Todos en nuestra audiencia levantan su mano. BMW gasta una fortuna en comerciales de televisión.

Luego preguntamos: –¿Y cuántos de ustedes son dueños de un BMW?– Solamente tres personas levantan su mano.

La publicidad no tiene la conexión personal que nosotros tenemos con las redes de mercadeo. La publicidad puede generar conocimiento, pero a las personas les gusta comprar las recomendaciones de sus amigos.

¿Qué valoramos más?

1. Un comercial corporativo de 30 segundos en televisión.

2. Una recomendación personal de un amigo.

La respuesta es obvia. Sí, todos los días vemos comerciales de productos y servicios, pero no valoramos esos impactos comerciales.

¿Qué es lo que valoramos? Las recomendaciones de las personas que conocemos.

Esto es lo que hace tan efectivas a las redes de mercadeo.

POR QUÉ LOS TRABAJOS INTERFIEREN EN NUESTRA VIDA.

Ser nuestro propio jefe en redes de mercadeo paga muy bien. No hay nada peor que un jefe que nos roba toda la energía mental y física. Eso convierte nuestro día en un purgatorio.

"Que no te deshidrate tu jefe chupa-sangre mata-sueños."

Cuando tenemos nuestro propio negocio, nos emociona su crecimiento y nuestro desarrollo personal. Buscamos la manera de trabajar en nuestro negocio. La vida se disfruta más cuando hacemos lo que nos gusta.

¿Qué tal si nos desanimamos un poco con el progreso de nuestro negocio de redes? Bien, sólo piensa en cómo se sienten las personas cuando son obligados a trabajar cinco o seis días por semana en algo que odian, ayudando a su jefe a lograr sus propios sueños.

Ellos saben que han estado en el mundo laboral demasiado tiempo cuando:

- Han tenido el mismo escritorio por cinco años, pero han trabajado para cinco compañías diferentes.

- Llevan copias recién impresas de su curriculum vitae de ida y vuelta al trabajo.

- El premio para el "empleado del mes" es un café gratis durante el descanso.

- El jefe no tiene idea de cómo hacer su trabajo, pero de todas formas le dice a los empleados cómo hacer el suyo.

- Todos se emocionan por el rumor de "no habrá despidos este mes".

- Se han resignado a no recibir aumento de sueldo, y se conforman con una reducción salarial menor este año.

- Se enteran en las noticias matutinas de que su división cerró.

- Sus cubículos son más pequeños que su clóset.

- Apagan sus teléfonos los días libres, para que la gerencia no los moleste ni les pida ir a trabajar.

- Llegan al trabajo antes del amanecer, y regresan a casa cuando es de noche.

- No se les permite faltar por enfermedad.

- Tienen que hacer el trabajo de sus compañeros, los que fueron despedidos el mes pasado.

¿Y cómo es que terminamos en este desastroso empleo que odiamos?

Pagamos por el privilegio. Demos un vistazo al mejor escenario.

El costo de estudiar en Harvard: más de $40,000 USD, ¡sólo un año!

Y eso es sólo por estudiar. Esto no incluye el alojamiento ni comidas. No es de sorprender que los estudiantes se gradúen con deudas gigantescas de sus estudios universitarios.

Ahora, nos graduamos y estamos:

- Endeudados por cientos de miles de dólares.

- Desempleados.

- Buscando una posición de entrada en nuestro campo.

- Esperanzados por ganar suficiente dinero para pagar un lugar para dormir, un auto, algo de comida y un comienzo en la vida.

- Felices por entregar cinco o seis días por semana, durante el resto de nuestras vidas, ayudando a una corporación a construir sus metas.

- Deseosos de que nuestro jefe tenga un espíritu amable y gentil y no nos haga la vida miserable.

Ahora, una educación universitaria es buena. Pero es muy costosa. Algunos graduados no pueden ni recuperar su inversión. Puede que carguen con la deuda por el resto de sus vidas. Así es la vida. No hay garantías.

Un escéptico describió recibir una educación universitaria como "Pagar una escuela para ir a trabajar... para que el trabajo pague la escuela." Un poco cínico, pero aún así es algo que pensar.

Hay una vieja broma sobre no tener educación universitaria. Así va:

"¿Educación formal? Un título no lo es todo. Nuestro hombre de la basura gana un gran salario, no tiene una maestría ni un doctorado, y sólo trabaja los martes."

Pero si vamos a recibir una educación universitaria, ¿no sería bueno tener un negocio de redes de mercadeo en tiempo parcial para pagar por toda o una parte de la inversión educativa?

Debido a que estamos tan detrás en la deuda cuando comenzamos nuestras carreras al terminar la universidad, es difícil salir adelante financieramente. No podemos encontrar el tiempo para disfrutar la vida o perseguir nuestras pasiones.

No es sorpresa que las redes de mercadeo aparecen como una alternativa divertida. Solamente debemos aprender las habilidades de esta profesión.

Por fortuna, no necesitamos perder cuatro años y cientos de miles de dólares para aprender habilidades para redes de mercadeo.

¿No valdría la pena invertir algo de tiempo y energía para comenzar nuestro propio negocio de redes de mercadeo y evitar esos 40 (o más) años de duro trabajo?

¿Duro trabajo?

Sí, hay un viejo chiste que dice así:

P. ¿Cuál es la recompensa por graduarte de la universidad?

R. Una deuda enorme y 40 años de trabajo duro.

Bueno, eso es un poco triste, pero es algo para reflexionar. ¿Cuántos empleados corporativos conocemos, que siguen trabajando largas horas, y no han salido adelante financieramente?

¿Quieres otro pensamiento divertido?

P. ¿Por qué le llaman a nuestros ingresos del trabajo "dinero para la casa"?

R. Por que no hay suficiente dinero para ir a otro lugar.

¿Y qué tal que los jefes dijeran la verdad?

¿Tomaríamos ese trabajo si nuestro empleador nos dijera la verdad realmente? Qué tal si durante la entrevista el jefe dijera…

–Tu salario no cubre todos tus gastos. Te irás retrasando un poco cada mes. ¿Seguro de empleo? No es posible. De hecho, si te despedimos, recibes un recorte de sueldo del 100%. Ahora, nos tienes que entregar 50 semanas de tu vida, y a cambio puedes tener dos semanas para ti mismo una vez por año. O si eres afortunado de vivir en Europa, puedes recibir unas pocas semanas más para ti. ¿Todo tu dinero duramente ganado? El gobierno toma una parte de tu cheque como impuesto, simplemente por que trabajas aquí. Y sólo para que no lo olvides, no hay garantías aquí. Si algo sale mal, que feo por ti.

¿No hay garantías?

¿Un posible recorte de sueldo de 100%?

Esto no es motivante en lo absoluto.

Queremos sentir seguridad. Queremos evitar el riesgo. Queremos garantías. ¿Es eso posible en la vida?

No.

Pero si podemos tener un cheque extra, nos sentiríamos un poco mejor sobre no tener garantías en la vida.

LA SEGURIDAD LABORAL APESTA.

La historia dice así.

La tasa de la hipoteca de Jim aumenta, sus facturas de gas y electricidad aumentan, el precio de la gasolina aumenta, y un día le pide a su jefe un aumento. Su jefe responde:

–Lo siento, Jim, pero la economía está muy mal últimamente. Nadie está recibiendo aumentos este año. Sin embargo, realmente apreciamos el trabajo que haces.

El jefe posteriormente sale de trabajar temprano para ir a su juego de golf por la tarde. Sin prisas, sale del estacionamiento en su Mercedes nuevo.

La moraleja de la historia:

"Puedes ser el jefe, o el empleado."

El jefe finalmente dice un cumplido.

El jefe al empleado: –Sinceramente, no se cómo lo haríamos sin ti, pero a partir del lunes, lo vamos a intentar.

No es exactamente lo que queremos escuchar como empleados. Pero, ¿no sería genial tener un negocio de tiempo parcial para tener una pequeña seguridad en caso de que esta conversación nos ocurra?

¿Qué tal si tuviésemos un negocio de medio tiempo en redes de mercadeo que nos hiciera ganar sólo la mitad de nuestro sueldo actual? ¿Nos haría sentir mejor? ¿Más seguros?

Podríamos sentirnos tan cómodos con ese ingreso extra de medio tiempo que cuando el jefe no pidiera hacer algo, podríamos considerarlo como sólo una... ¡sugerencia!

Nos sentimos genial cuando tenemos opciones. No tenemos que ganar una fortuna en redes de mercadeo para cambiar dramáticamente nuestras vidas y nuestra felicidad.

Lo que realmente significa un ingreso de tiempo parcial en redes de mercadeo.

El salario paga la hipoteca, la mensualidad del auto, los impuestos, alimentos, hogar, ropa y los gastos básicos de la vida. Al final del mes, ¿qué nos queda? Para algunas personas, unos pocos dólares. Para otras personas, nada. Y para la mayoría de las personas, el salario no lo cubre todo... ¡así que tienen que usar tarjetas de crédito para compensar la diferencia!

Sí, muchas personas están cayendo en la deuda, más y más profundo cada mes.

Así que demos un vistazo a lo que significa un ingreso extra de tiempo parcial para las personas que ya tienen un sueldo:

- Ahora ya pueden cubrir los pagos mínimos de sus tarjetas de crédito.

- Ahora tienen efectivo en su billetera o bolso para gastar cuando salen.

- Ahora pueden comenzar a saldar sus deudas.
- Ahora pueden pagar su préstamo estudiantil antes de cumplir 80 años.
- Ahora pueden abrir una cuenta de ahorros o un fondo para la universidad de sus hijos.
- Ahora pueden tomar vacaciones lujosas y tener un estilo de vida fácil.
- Ahora con un salario que cubre sus gastos del día a día, pueden comenzar un fondo de inversiones y acumular riqueza y... ¡jubilarse jóvenes!

Humor negro en la oficina.

El jefe al empleado: –Lo expertos dicen que el sentido del humor en la oficina alivia la tensión en estos tiempos de despidos. Así que... ¡toc-toc!

Empleado: –¿Quién toca?

Jefe: –¡Te toca a ti!

Este tipo de humor negro lleva personas ordinarias a las redes de mercadeo. No hay ninguna seguridad cuando dependemos de un jefe o un empleo.

Si tenemos trabajos que interfieren en nuestras vidas, entonces tal vez sea tiempo de comenzar nuestro negocio de redes de mercadeo.

Las personas odian sus trabajos. Aquí está la prueba.

Casi el 20% de las faltas por enfermedad que toman los empleados, ocurre los lunes. Asombroso.

Está bien, mal chiste, y mal cálculo. Pero nos da una idea. El lunes es el día más odiado de la semana. El lunes es una fea manera de perder 1/7 de tu vida. Muchas personas se deprimen los domingos por la tarde sólo pensando en otros cinco días de tortura haciendo un trabajo sin sentido.

¿Qué tan mal se siente ir a trabajar?

Bien, sabemos que será un mal día cuando nuestros compañeros de trabajo nos saludan preguntando: –¿Cómo va la búsqueda de empleo?– El sentimiento de depresión comienza.

Sabemos que será un día aún peor cuando vemos un estacionamiento completamente vacío a las 9:00am. El sentimiento de depresión comienza. Sabemos que esto no terminará bien.

¿ESTE NEGOCIO EN REDES DE MERCADEO ESTÁ GARANTIZADO?

¿Qué pasa si algo sale mal?

¿Qué tal si las cosas no salen como esperamos?

¿Podemos evitar el riesgo por siempre?

No. Para nada.

La vida involucra riesgos. Incluso un trabajo garantizado de por vida es un mito. Piensa en las grandes compañías en el pasado que desaparecieron debido a una mala administración o un cambio en la tecnología.

Hay un viejo dicho, "Lo único que tenemos garantizado en la vida es la muerte y los impuestos."

Podemos garantizar una cosa más.

Podemos garantizar que si no participamos en la vida, si no tomamos oportunidades, entonces la vida nos dejará atrás. Estaremos sentados en las gradas observando a otros vivir sus vidas con significado. No queremos escondernos y esperar que la vida no se de cuenta de nosotros.

¿Sabes qué es realmente raro sobre las personas que se esconden y evitan el riesgo?

Por mucho que traten de evitar riesgos, no pueden. Toman riesgos todos los días de sus vidas, pero no reciben ninguna recompensa por los riesgos que toman.

¿A qué me refiero? Aquí hay un ejemplo.

Ir a trabajar.

Eso es muy muy riesgoso. Veamos qué puede ocurrirle a un empleado conservador que le gusta evadir riesgos.

- No hay garantía de que llegue al trabajo sano y salvo. Un accidente o un robo podrían arruinar su día.

- Si llega al trabajo a salvo, su trabajo puede ya no estar para él. Miles de empleos desaparecen cada mes. El suyo puede ser uno de esos.

- Un compañero puede sabotear su seguridad y sus posibilidades de un aumento.

- Su jefe puede tener un mal día y despedirlo.

- Ir a trabajar significa exposición al medio ambiente. Contaminación del aire, humo de segunda mano y otros riesgos están por todas partes.

Está bien, ir a trabajar es muy riesgoso. No hay garantías ahí, pero las personas necesitan un trabajo para tener seguridad financiera, ¿correcto?

Equivocado.

La garantía más probable que tenemos con un empleo es… **la garantía de un desastre financiero.**

La mayoría de los trabajos nos pagan lo suficiente como para permanecer detrás de nuestros gastos. Los trabajos nos pagan lo suficiente para sobrevivir, pero no **lo suficiente para renunciar.**

Es casi imposible retirarse con un salario regular de un empleo.

Piensa en ello. Después de pagar la hipoteca, el auto, el seguro. Alimentos, vestimenta, gasolina, servicios básicos, y mucho, mucho más… ¿sobra mucho cheque al final del mes?

Dayle Maloney siempre decía, "La mayoría de las personas tiene demasiado mes al final del cheque."

Eso duele por que es muy cierto.

¿Un empleado puede ahorrar suficiente dinero para retirarse? Probablemente no. de hecho, a los 65 años de edad, la mayoría de los empleados suma su cheque del seguro social, su pensión, los intereses de sus ahorros e inversiones, y adivina…

¡Su ingreso total es sólo un 60% de lo que ganaban cuando estaban trabajando! No podían costear la vida con el 100% de lo que ganaban cuando trabajaban, entonces tratar de vivir con el 60% es un desastre financiero.

¿Un milagro al rescate?

Para retirarse, un empleado tiene tres posibilidades imaginarias.

Milagro #1. El jefe le da al empleado un aumento masivo, algo increíble como un 100% o 200%. Luego, después de diez o veinte años de cuidadosos ahorros e inversiones con ese dinero extra, nuestro empleado se retira. ¿Eso ocurrirá? No.

Milagro #2. El empleado se gana la lotería. Veamos, ¿cuáles son las probabilidades de ganarse la lotería? Las Vegas anuncia un 95% de pagos en muchos de sus juegos de apuestas. Mira todos esos hermosos hoteles y casinos multimillonarios en Las Vegas. Fueron construidos con el dinero que millones de personas perdieron. La lotería sólo paga 50%. Uff, no se puede obtener mucho peor que eso. Yo supongo que podrías decir que la lotería es como un impuesto para las personas que son muy malas con las matemáticas. Si conoces a alguien cuyo plan de retiro consiste en comprar boletos de lotería, no tomes consejos financieros de esa persona.

Milagro #3. El empleado es adoptado por millonarios viejos y enfermos, quienes sólo tienen unas pocas semanas más de vida. Suena como una genial película de Hollywood, pero no suena como la vida real. ¿Las probabilidades de un milagro como este? Mejor planea trabajar hasta morir.

Aquí tienes dos garantías de los empleados.

1. Los empleados tienen la garantía de llevar vidas tensas y mal remuneradas.

¿Cuándo fue la última vez que escuchaste a un jefe decir esto?

–Caramba, tienes familia, ¿verdad? ¿Por qué no trabajas aquí solamente tres días a la semana? Así podrías pasar más tiempo con tu esposa e hijos. Y por cierto, aumentaré tu sueldo un 50%. Así tendrás dinero extra para mejorar la calidad de vida de tu familia.

Eso no sucede. Es por ello que la mayoría de lo empleos significa estrés.

2. Los empleados tienen la garantía de un desastre financiero a los 65 años.

Sus vidas empeoran.

Tienen cuentas de ahorros que pagan un interés patético en sus pobres ahorros. Les gusta la "seguridad" de las cuentas de ahorro. No hay riesgos. Sus ahorros están a salvo.

Tienen razón. No hay riesgo. Tienen garantizada una paliza financiera. Sus cuentas de ahorros son perdedoras garantizadas.

¿Por qué? Debido a que existe la inflación. Un retorno de 1% sobre una cuenta de ahorros no está a la par de la inflación. ¡Oh, seguro! El gobierno dice que la inflación es de sólo el 2% o 3% pero, ¿realmente podemos creer eso?

Mira nuestras cuentas de salud y medicinas. ¿Estos servicios sólo aumentan un 3% por año? Prueba una estancia de uno o dos días en un hospital, y estaremos de acuerdo que los costos se han duplicado en sólo unos pocos años.

¿Precios de alimentos? ¿Sólo 3% de incremento? No lo creo.

¿Abogados? ¡No me hagas comenzar! Sus tarifas ya son altas, y siguen subiendo.

La inflación hace que el verdadero poder de compra caiga. Por lo tanto, una cuenta de ahorros es una garantía para **encoger** el valor de nuestra canasta de huevos.

¿Qué hay de esa cuenta de cheques?

¿Es buena propuesta o qué?

David D'Arcangelo tiene una opinión interesante sobre las cuentas de cheques.

Primero, una cuenta de cheques no paga intereses. Le prestamos nuestro dinero al banco, gratis.

Segundo, el banco nos cobra mensualmente por tener una cuenta de cheques. Veamos, le prestamos nuestro dinero al banco gratuitamente, ¿y tienen el descaro de cobrarnos una cuota mensual por el privilegio? ¿La banca es una grandiosa institución capitalista o qué?

Tercero, este mismo banco nos presta dinero, ¡y nos cobra 5% al 12% de interés!

¿Quién inventó esas reglas de todas formas?

Es obvio que nuestras cuentas de cheques están libres de riesgo. Sin embargo, ¡son perdedoras garantizadas!

La vida de empleado es realmente mala.

¿Por qué?

Un empleado aún así tiene riesgos en su vida... pero sin recompensas.

Y sí, el trabajador tiene garantías. Pero, todas las garantías son de que perderá.

Muy deprimente, ¿no es así?

Así que, si aún así debemos tomar riesgos en nuestra vida, ¿por qué no tomar un riesgo que nos pueda dar las recompensas que buscamos?

Esto tiene sentido ahora para nosotros, pero algunas personas no pueden escucharnos. Sus cerebros han sido condicionados a un empleo. No pueden ver otra perspectiva.

ALGUNAS BUENAS Y ALGUNAS MALAS NOTICIAS.

Aquí están las geniales buenas noticias. ¡Sólo estamos a quince centímetros del éxito!

La mala noticia es que… esos 15 centímetros están localizados en medio de nuestros oídos.

Tenemos que cambiar nuestro pensamiento. Afortunadamente, cambiar nuestro pensamiento es gratis. Solamente debemos querer cambiarlo.

Pensamiento de empleado es para asegurar un puesto. La mayoría de las garantías para los empleados son malas. Recibimos ordenes de alguien más. No tenemos control de nuestro futuro.

Pensamiento de jefe es pensar como un dueño de negocio. Como dueños de negocio, aceptamos que hay riesgos en la vida. Tenemos la opción de mejorar nuestro ingreso y oportunidades para tener éxito. Tenemos el control.

Más sobre el pensamiento de jefe.

Los jefes tienen motivación propia, iniciativa. Nadie nos dice cuándo trabajar, cuándo comenzar a promover, cuándo tomar vacaciones, y cuándo tenemos permitido una pausa para usar el sanitario. Tenemos el control de nuestro tiempo, y nuestra dirección.

¡Los jefes piensan diferente!

Por ejemplo, piensas que Bill Gates o Richard Branson tienen que esperar a que su jefe apruebe un nuevo proyecto de caridad o de negocio? No. Ellos toman la iniciativa por sí mismos.

¿Piensas que alguien le dice a Bill Gates o a Richard Branson cuándo ir a trabajar, cuándo ir a una reunión, o cuándo pueden tomar vacaciones? No. Ellos lo deciden por sí mismos.

Otro ejemplo de pensamiento de jefe sería esto:

Imagina que queremos construir un hotel en nuestra ciudad.

Primero, contrataríamos a un arquitecto para dibujar los planos.

Después, pediríamos algunos presupuestos de contratistas. E inclusive que no hemos ganado nada de dinero por nuestros esfuerzos, seguimos invirtiendo dinero y tiempo en nuestro proyecto de hotel.

¿Qué sigue?

Tal vez comprar un terreno. Es una gran inversión. Más dinero sale de nuestro bolsillo. Y luego viene la aprobación de zonificación. Nos entrevistamos con los residentes locales y el gobierno municipal, con la esperanza de recibir su aprobación para el hotel.

Inclusive si el proyecto es aprobado, la inversión de tiempo y dinero continúa.

Y recuerda, no hay dinero que nos esté llegando... aún. Todo en esta etapa son gastos.

El equipo de construcción comienza a excavar los cimientos. Hacen un tremendo hoyo en el terreno. Y entonces sucede.

Caminamos en el terreno, miramos la profundidad del hoyo y decimos:

–Mejor lo tapamos. Renuncio. He invertido dos años de mi vida y muchísimo dinero en este proyecto, y no he ganado ni un centavo.

Bastante ridículo, ¿verdad?

No renunciaríamos, debido a que tenemos pensamiento de jefe. Nosotros somos capaces de ver la gran recompensa en el futuro. Sabemos que si invertimos nuestro tiempo y energía en este proyecto de hotel, podríamos capturar un flujo de ingreso continuo después.

Esto suena un poco como redes de mercadeo. Si invertimos tiempo y energía ahora, tal vez no nos paguen hoy. Seguiríamos construyendo nuestro hotel.

Sin embargo, una vez que construimos una organización sólida en redes de mercadeo, podemos renunciar a nuestro trabajo, viajar por el mundo y perseguir nuestros sueños. ¿Por qué? Por que nuestras necesidades financieras están cubiertas por nuestros cheques de bonificaciones residuales de cada mes.

¿Qué sería pensar como empleado?

Imagina que patrocinamos a nuestro amigo con pensamiento de empleado en nuestro negocio de redes.

Rápidamente notamos que nuestro amigo no asiste a las juntas o entrenamientos, insistiendo en que se le debería de pagar por cada hora.

Nuestro amigo no hace una lista de prospectos a menos que nos sentemos con él y lo apoyemos. Y luego nuestro amigo se queja de que no ha ganado dinero aún.

Nuestro amigo no trabaja su negocio diariamente. Todos los demás eventos en su vida son una mayor prioridad. Incluso la liga de boliche de los martes por la noche. Nuestro amigo sólo trabaja en construir su negocio... a veces. Sólo cuando es conveniente o si lo recuerda.

Nuestro amigo necesita ser recordado de realizar pedidos de producto.

Nuestro amigo insiste en que lo entrenemos, paguemos sus materiales de entrenamiento, compremos sus muestras de producto, y paguemos por su hospedaje en la convención de la compañía.

Y peor que eso, nuestro amigo insiste en que deberían pagarle por hora, o algún tipo de paga por su inversión de tiempo y dinero. A diferencia de nosotros, nuestro amigo vivirá de quincena en quincena hasta los 65, y luego vivirá de pensión en pensión.

En otras palabras, a menos que nuestro amigo cambie su manera de pensar, renunciará a su negocio de medio tiempo en redes de mercadeo y se convertirá en una estadística de frustración más.

¿Ves la diferencia?

Los emprendedores exitosos tienen "pensamiento de jefe", no "pensamiento de empleado."

Así que este es nuestro primer paso para el éxito. Debemos de invertir nuestro tiempo en cambiar esos críticos 15 centímetros entre nuestros oídos.

Nuestro segundo paso al éxito es apoyar a otros a cambiar su pensamiento también. No es culpa de nadie tener "pensamiento de empleado." Esto fue lo que nos enseñaron en la escuela. Aprendimos cómo ser un buen empleado para alguien más.

Si realmente valoramos a nuestros amigos, pasaremos tiempo desarrollando y enseñándoles pensamiento de jefe. De esa manera nunca escucharemos a nuestros amigos decir:

"¿Este programa está garantizado?"

"¿Qué tal si algo sale mal?"

¿UNA PROBABILIDAD DE FRACASO TEMPORAL EN TU FUTURO?

Totalmente. No hay garantías en la vida.

Los empleos no tienen garantías. Habrá fusiones y recortes. Habrá empleados bien pagados, con más experiencia que serán removidos y reemplazados por jóvenes en entrenamiento. Piensa en algunas de las más grandes corporaciones de hace algunos años que no existen ahora.

Tener un empleo es como "tener todos los huevos en una sola canasta." Ciertamente esperamos que nadie le de un puntapié a nuestra canasta. Pero sucede. Muchos de nosotros tenemos amigos que tenían todo su plan de retiro en acciones de la compañía, y las acciones… se fueron. Fueron de un retiro cómodo a trabajar empleos de medio tiempo sólo para cubrir los gastos del día. Triste.

Cosas malas ocurren en los trabajos. Cosas malas ocurren en los negocios.

La diferencia es que cuando perdemos nuestros trabajos, no podemos controlar si encontramos trabajos similares o no.

Pero cuando ocurre un fracaso en los negocios, tenemos la opción de comenzar otro negocio. Ya tenemos las habilidades, así que tenemos la libertad de continuar.

¿Hay alguna combinación perfecta entre un trabajo y un negocio? Eso depende de cómo definamos perfecta. Me gusta pensar que todos los que tienen un trabajo se sentirían mucho más seguro si tuvieran un negocio que les produce ingreso.

Dos ingresos son más seguros que uno.

Tenemos que aceptar el riesgo en la vida.

No hay lugares seguros. Los empleos tienen riesgo. Los negocios tienen riesgo. Así que ¿por qué no comenzar un negocio de tiempo parcial en redes de mercadeo para reducir riesgos futuros? Con las habilidades que aprendemos, podemos hacer crecer nuestro negocio de medio tiempo, y mantenerlo creciendo.

Abraham Maslow dijo, "Caminarás hacia el crecimiento o regresarás hacia la seguridad."

Regresar a la seguridad suena bien, pero ¿es realmente seguro regresar?

Bien, hay una garantía que la mayoría de los empleos nos puede dar. Si queremos ser ricos o controlar nuestro tiempo, entonces un trabajo garantiza que eso **no ocurrirá.**

Tenemos que hacer más que sentarnos en un trabajo y aceptar el poco dinero y tiempo que nos dan.

Consejo de fracaso temporal de Mark Twain.

Mark Twain dijo, "Deberíamos ser cuidadosos de sacar de la experiencia sólo la sabiduría que hay en ella -y detenernos ahí, no sea que nos pase como el gato que se sentó en una estufa caliente. Nunca se sentará en una estufa caliente de nuevo... y está bien... pero tampoco se sentará en una fría."

Sí, no todo sale bien en los empleos o en los negocios, pero no queremos dejar que fracasos temporales tiñan nuestro futuro entero con negatividad y miedo.

Pienso que Mark Twain explica lo que le ocurre a algunos distribuidores nuevos en redes de mercadeo. Se aproximan a su primer prospecto, son rechazados, y nunca más se aproximan con otro. Hicieron todo esto antes de comenzar su entrenamiento en su nueva profesión.

Así que, ¿todas las personas en el universo serán amables, de mente abierta, y estarán dispuestas a escuchar nuestro mensaje? Por supuesto que no.

Los nuevos distribuidores deberían ser cuidadosos de sacar de la experiencia sólo la sabiduría que hay en ella, y detenerse ahí. En otras palabras, un rechazo sólo nos muestra lo que no funciona. Depende de nosotros intentarlo de nuevo, y esta vez, con mejores habilidades.

"Cuando pierdes, no pierdas la lección."

- Una vez comí un platillo que estaba malo, pero aún así que tuve una mala experiencia, decidí seguir comiendo en el futuro.

- Comí una comida mala en otra ocasión (yo cociné), pero a pesar de que esa experiencia permanentemente daño mi actitud hacia la comida, decidí comer de nuevo.

- Una ocasión vi una película muy mala, pero a pesar de que gasté mi dinero, decidí ir a ver otras películas.

- Hice ejercicio una vez, y fracasé, pero seguramente intentaré hacer ejercicio de nuevo.

- Uno de mis amigos compró un boleto de lotería y perdió. Aún así mi amigo sigue comprando boletos con la esperanza de ganar eventualmente.

- Uno de mis amigos fue al boliche una vez y obtuvo un mal puntaje. Aún así, mi amigo continúa jugando y disfruta las noches de martes con sus amigos.

- Uno de mis amigos tuvo una mala cita una vez, pero continúa saliendo con personas nuevas.

- Puede que hayamos tenido una mala experiencia en redes de mercadeo una ocasión, pero continuaremos hasta que lo hagamos bien, para poder tener la vida que queremos.

¿Ves la tendencia?

Sólo por que tuvimos una mala experiencia, todavía podemos decidir sacar ventaja de las redes de mercadeo. Los empleos no son perfectos. Los negocios no son perfectos.

La clave es que no permitimos que los fracasos del pasado dicten nuestro futuro. Podemos cambiar y mejorar nuestros resultados.

¿Fracasaré?

Sí. Durante nuestro camino tendremos varios fracasos temporales.

Nuestro amigo, Orjan Saele, tiene esta historia:

"Digamos que tienes un niño de un año que está aprendiendo a caminar. Cuando el niño se cae, le dices: –Está bien. Eso es todo. No lo vuelvas a intentar.– No le dirías eso, ¿o sí? Por supuesto que no. Tú animarías al niño para continuar fracasando hasta que aprenda a caminar. La recompensa de caminar vale los fracasos."

¡Esos son muchos fracasos! Pero luego, caminar se vuelve un hábito.

Así que unas pocas fallas en el camino mientras aprendemos nuestra profesión no son tan malos, ¿o sí?

Cuando nos preocupamos y centramos en un solo fracaso temporal, ¡esto previene que volvamos a intentarlo!

¿Qué tal si tuviésemos una entrevista de trabajo que fracasó? Por supuesto que buscaríamos otra entrevista. Tener dinero para comida es importante.

¿Qué tal si tuvimos un fracaso temporal mientras aprendemos cómo hacer nuestro negocio de redes de mercadeo? Bien, no nos rendiríamos. Buscaríamos la lección en ese fracaso temporal para poder hacerlo mejor en el futuro.

El éxito no llega de nunca fracasar en el camino. El éxito viene de continuar mejorando después de cada fracaso temporal.

Orjan Saele tiene otra genial historia para ilustrar por qué no deberíamos renunciar después de un fracaso temporal.

"¿Y qué tal si tus primeros seis meses van mal? O, ¿qué tal si tienes algunos fracasos vergonzosos cuando vas comenzando tu negocio de tiempo parcial en redes de mercadeo? ¿Cuánto tiempo te tomó aprender a hablar? ¿Aprender a conducir? Tomo un tiempo, y hubo algunos fracasos vergonzosos. Pero ahora disfrutas los beneficios de hablar y conducir. Valió la pena."

El miedo al fracaso temporal previene que hagamos el intento. Los fracasos temporales son normales en la vida. Para ser un éxito, debemos de comenzar ahora mismo, y aprender sobre el camino.

"Pero no tengo tiempo."

Todos tenemos 24 horas en un día. Afortunadamente, podemos **decidir** cómo usamos esas horas.

¿Qué es lo que nos importa?

- Si nos importa el dolor del hambre, ¿tenemos tiempo de comer? Sí, por que nos importa.
- Si nos importa nuestra esposa, ¿tomamos tiempo para estar con ella? Sí, por que nos importa.
- Si nos importa nuestro físico, ¿tomamos tiempo para ejercitar? Sí, por que nos importa.
- Si nos importa nuestra higiene personal, ¿tomamos tiempo para bañarnos? Sí, por que nos importa.

Así que si de verdad nos importa ser libres financieramente, tomaremos el tiempo de construir un negocio de tiempo parcial en redes de mercadeo.

La libertad financiera y de tiempo nos eludirán si solamente deseamos y tenemos esperanza. Debemos de tomar tiempo para hacer que nuestro futuro suceda.

Ahora, si la libertad financiera y de tiempo no nos importa, nos escucharemos diciendo cosas como:

- "Estoy muy ocupado."

- "No tengo tiempo."

- "Tal vez más tarde sea un mejor momento para intentarlo."

- "No puedo encontrar nada de tiempo. Supongo que seguiré demasiado ocupado trabajando para otros por el resto de mi vida."

Así que preguntémonos: ¿De verdad quiero libertad financiera y de tiempo en mi vida?

Luego, presta atención a la respuesta.

Si nuestra vida es aburrida y hacemos lo mismo una y otra vez, entonces deberíamos considerar esta famosa cita:

"La única diferencia entre una rutina y una tumba es la profundidad."

¿POR QUÉ LA MAYORÍA DE LAS PERSONAS ESTÁ QUEBRADA?

Aquí hay un punto de vista que recientemente escuché.

Si estamos quebrados, es probablemente culpa de nuestros padres.

La mayoría de las personas están quebrados debido a que heredaron malas habilidades para el dinero. Si sus padres no sabían cómo manejar dinero, ¿cómo podrían enseñar a sus hijos a hacerlo?

Al escuchar esta explicación, pensé:

"Hmm. Aunque esto no aplica para todos, perfectamente explica por qué muchas personas trabajan duro, pero nunca salen adelante."

Lo que más me gustó de esta explicación es que es una manera genial de culpar a alguien más de nuestros problemas actuales. Es la manera Estadounidense.

COMPRENDIENDO LA RIQUEZA.

"¿Cómo me hago rico?"

"Es más fácil hacernos ricos si ganamos más dinero."

Es por eso que el ingreso extra de nuestro negocio de medio tiempo en redes de mercadeo nos puede dar riqueza.

Preguntémonos: "¿Qué tipo de programa de inversión podríamos tener si tuviéramos $1,000 extras al mes para invertir?"

Nuestro asesor financiero estaría emocionado de ayudarnos a invertir esos $1,000 mensuales o más para crear nuestra riqueza. No tenemos que ser expertos. Los asesores financieros vendrán a nosotros para ayudar.

¿Es difícil ganar $1,000 extra en nuestro negocio de redes de mercadeo? Como en cualquier profesión, si invertimos algo de tiempo para aprender las habilidades y aprender cómo se construye correctamente, entonces sí, puede ocurrir. Aprender cómo recomendar lo que nos gusta y hablar con otros son habilidades que no se enseñan a menudo en la escuela. Una vez que tenemos las habilidades básicas de hablar con personas correctamente, podemos crecer nuestro negocio mucho más consistentemente.

¿Por qué no facilitarnos la vida al aprender las habilidades para construir nuestro negocio de redes de mercadeo, y después crear un programa de inversiones grandioso para nuestro futuro?

¿Cuál será nuestro activo más grande mientras construimos nuestro negocio?

Adivinaste.

Las habilidades que aprendemos.

Verás, la riqueza es portátil. Vive en nuestra cabeza. El dinero, las propiedades y otros bienes se pueden perder. Pero la verdadera riqueza vendrá de los activos que siempre poseeremos: las habilidades que dominamos.

El éxito no se trata de trabajar en la corporación de alguien más.

Si queremos ser ricos, limitar nuestro ingreso a un salario o a un pago por hora no sería un buen paso en la dirección correcta.

Si queremos más tiempo libre para vivir la vida que queremos, donar cinco o seis días por semana a un empleo durante los próximos 40 años no es un buen plan.

¿Hay reglas o guías para crear riqueza?

La riqueza puede significar libertad de tiempo o libertad financiera, pero las guías son casi las mismas. Aquí hay algunos puntos que podemos considerar como inicio:

Secreto de Riqueza #1.

No pidas consejos de alguien que no es rico, incluso si esa persona es un amigo o pariente. ¿Por qué?

¿Le pedirías un consejo de alimentación a alguien con sobrepeso? ¿Tomarías un consejo legal de un criminal? ¿Escucharías las direcciones de alguien que no sabe dónde está ni a dónde se dirige?

Por supuesto que no.

Así que imagina que queremos comenzar nuestro propio negocio de redes de mercadeo exitoso. ¿A quién le pediríamos consejos?

* ¿Algunos amigos al lado de la cafetera en la oficina, que sufren para hacer los pagos mínimos en sus tarjetas de crédito?

* ¿Un compañero que nunca ha comenzado o aprendido a hacer redes de mercadeo?

* ¿El bebedor profesional y crítico gratuito en la barra del bar?

* Nuestro tío que fue a trabajar durante 40 años y ahora mira televisión 16 horas al día?

Si queremos un buen consejo, deberíamos buscar a alguien con experiencia en lo que hacemos.

Jim Rohn lo dijo mejor. Él dijo: "Encuentra lo que la gente pobre lee -¡y no lo leas!" Tiene sentido.

Eso nos lleva a la guía #2.

Secreto de Riqueza #2.

Si queremos ser ricos, tomemos consejo de alguien que ya es rico. Por lo menos esta persona tiene **una** manera que funciona.

Todos tienen sus opiniones, pero queremos conocer caminos probados hacia el éxito. Seguro, hay muchos caminos diferentes para el éxito, y estos caminos han sido marcados por las personas que pasaron antes que nosotros.

Estas personas pueden darnos hechos, no corazonadas.

Si fuéramos soldados, y necesitamos cruzar un campo minado, ¿a quién le pediríamos consejo?

A. ¿Alguien que nunca ha cruzado el campo minado pero tiene una opinión de dónde deberíamos caminar?

B. ¿Alguien que ha cruzado el campo antes, y nos pide que lo sigamos para cruzar el campo, siguiendo cuidadosamente sus pasos?

Busquemos consejo con las personas correctas.

Secreto de Riqueza #3.

Gastar **menos** de lo que ganamos.

Suena simple, pero un poco difícil de hacer. Siempre queremos cosas, así que las compramos a crédito. Eso es recompensarnos antes de ganar el dinero.

Gastar más de lo que ganamos, y acumular deudas de tarjetas de crédito, es la manera incorrecta de construir riqueza.

Además, tenemos otro problema… las cuentas de las compras pasadas y los gastos mensuales. Esto empeora todavía más nuestro flujo de efectivo.

Hay dos maneras de solucionar este problema de gastar más de lo que ganamos.

A. Gastar menos. Esto requiere disciplina, y todos podemos hacerlo con algo de esfuerzo. Sin embargo, sólo podemos recortar nuestro presupuesto hasta cierto límite, ¡después de eso nos da hambre!

B. Ganar más dinero. Esto es mucho más fácil de hacer. Un cheque extra de nuestro negocio de redes de mercadeo podría hacer una gran diferencia en nuestras finanzas. No sólo no necesitamos recortar nuestros gastos, sino que tendríamos cientos, o incluso miles de dólares extra para gastar e invertir ese mes.

Secreto de Riqueza #4.

Reunirnos con personas con más dinero y éxito que nosotros. Ellos obviamente saben algo, o lo pueden ejecutar mejor que nosotros. Su conocimiento y puntos de vista pueden contagiarnos. Comenzamos a pensar en grande. Y comenzamos a pensar más positivamente.

Hay un dicho que dice así: "Si nos reunimos con cuatro personas quebradas, garantizado que seremos la persona quebrada número cinco."

Si no puedes cambiar a las personas a tu alrededor, entonces tal vez necesites nuevas personas a tu alrededor.

Así es, algunas veces las personas negativas quieren arrastrarnos a su nivel. Nos dicen: –Deja de soñar. Quédate donde estás y espera tu muerte.

Asociarnos con personas que saben más que nosotros nos ayuda a ganar conocimientos y habilidades nuevas.

Secreto de Riqueza #5.

Dos cheques son mejores que uno.

No tenemos que ser genios de las matemáticas para saber que recibir más cheques es mejor. Primero, usamos nuestro cheque del negocio de redes de mercadeo para pagar deudas. Luego, usamos nuestro cheque extra para acumular activos mientras nuestro trabajo regular paga las cuentas. Con el tiempo, tendremos muchos activos. A eso se le llama riqueza.

Secreto de Riqueza #6.

Hay tres cosas que puedes hacer con un dólar:

1. Gastarlo.

2. Prestarlo.

3. Ser dueño de algo.

Las personas que son dueños de cosas que incrementan de valor son ricas.

Pagos altos de arrendamientos de vehículos, joyería personalizada, la última moda, y vacaciones lujosas son gastos, no activos. Este tipo de cosas no mantienen su valor.

Secreto de Riqueza #7.

La riqueza vive dentro de nuestra cabeza.

Los activos materiales se pueden perder, pero siempre tendremos nuestras habilidades y conocimientos. Nadie nos puede quitar eso jamás.

El mejor tipo de inversión apalancada que podemos hacer es en nosotros mismos. ¿Quieres duplicar tus ingresos? Simplemente duplicamos nuestras habilidades o conocimientos y nuestro negocio se duplicará.

Desafortunadamente, esto no funciona muy bien en un empleo. El jefe controla nuestro ingreso sin importar qué tanto mejoremos. Es por eso que ser dueño de nuestro negocio es genial. Podemos ver resultados inmediatos, y no estamos limitados por un jefe o un presupuesto de una compañía para ser recompensados.

Aquí está una pequeña prueba:

¿Qué es lo que quieres más en tu carrera en redes de mercadeo?

A. Educación y habilidades.

B. Dinero.

Si tenemos suerte y patrocinamos a una súperestrella, todas las noches las pasaríamos en vela con la preocupación de si nuestra compañía sobrevivirá, si nuestra estrella será leal, etc. Nos preocuparemos debido a que sabemos que corrimos con suerte y será difícil tener tanta suerte de nuevo.

Sin embargo, si tenemos la educación de cómo construir un negocio, no tendremos estrés en nuestra vida. Sabemos que tenemos las habilidades para duplicar nuestro éxito actual sin importar lo que suceda con nuestra compañía actual, nuestra organización, la economía, etc. Siempre podremos comenzar de nuevo y construir un cheque.

Así que si corremos con suerte, y queremos dormir bien por la noche, tomemos el tiempo para aprender las habilidades para ser un emprendedor de redes de mercadeo exitoso.

Secreto de Riqueza #8.

Si podemos hacerlo en pequeño, podemos hacerlo en grande.

Cuando miramos una meta, como hacernos ricos, vemos el destino final. Eso es intimidante. Nos preguntamos: –¿Cómo llegaré hasta allá? ¡No tengo ni $100 en mi cuenta! Estoy quebrado.

Así es como personas reales se convierten en millonarios.

Primero, se convierten en "centenarios."

Aprenden habilidades para acumular $100.

Segundo, se convierten en "milenarios."

Una vez que saben cómo acumular $100, es cuestión de tiempo antes de que puedan acumular $1,000.

Tercero, **después**, se convierten en "millonarios."

Eso es todo. Cuando aprendemos cómo hacerlo en pequeño, podemos hacer crecer esa semilla de éxito y hacer más grandes nuestros resultados.

Si no podemos aprender cómo acumular $100 después

de años de trabajar un empleo, ¿cómo podremos tener la disciplina para acumular $1,000?

Es más fácil para la mayoría de las personas comer en restaurantes, jugar videojuegos, fumar cigarrillos, comprar billetes de lotería, beber cerveza, comprar ofertas de cosas que no necesitan, comprar un nuevo auto a plazos, etc. –que ahorrar $100.

Hasta que se rompa ese patrón, incluso la mejor oportunidad en redes de mercadeo no solucionará ninguno de sus problemas.

Secreto de Riqueza #9.

¡Una buena oportunidad de negocio es mejor que una vida de trabajo!

Todos conocemos a alguien que ha comenzado un negocio, y el negocio creció. Esta persona ahora gana más dinero por su negocio en un año de lo que ganó en diez años recolectando un salario en su trabajo.

Todo mundo conoce a alguien que compró bienes raíces hace 20 o 30 años. Cuando venden sus bienes raíces, ganan más dinero de lo que hubiesen ganado durante una vida entera trabajando por un sueldo.

Los aumentos de sueldo en los trabajos son muy limitados. Solamente en nuestro negocio podemos ganar 5, 10 o incluso 20 veces nuestro ingreso actual sólo incrementando el éxito de nuestro negocio.

Tener un negocio nos da la oportunidad de incrementar nuestro ingreso más rápido que esperar un aumento de sueldo en el trabajo.

Secreto de Riqueza #10.

La oportunidad llama a la puerta y algunos se quejan por el ruido. No queremos ser de esas personas.

Necesitamos que la oportunidad cambie nuestras vidas y nos ayude a salir adelante. Si continuamos haciendo las mismas cosas. Entonces nuestros resultados serán los mismos.

Queremos buscar oportunidades… y comprometernos.

POR QUÉ DEBEMOS DE AMAR LO QUE HACEMOS.

¿Alguna vez lo has escuchado?:

"Los lunes no apestan, es tu trabajo el que apesta."

Si no disfrutamos nuestro trabajo, ¿cuánto tiempo más vamos a mantenerlo? ¿Hasta jubilarnos? ¿Hasta que nos despidan? No es un pensamiento agradable.

Citemos al comediante Drew Carey, cuando dijo:

"Oh, ¿así que odias tu trabajo? ¿Por qué no lo dijiste antes? Hay un grupo de apoyo para eso. Se llama TODO MUNDO, se reúnen en el bar."

Triste. Verdad para muchos. Esta no es la vida que queremos.

Preguntémonos esto: "¿Cuántas personas conocemos que no les gusta su trabajo? ¿Cuántas personas conocemos que no les gusta levantarse temprano, dejar a sus familias, y pelear contra el tráfico para ir a su odioso empleo?"

No estamos solos. Hay muchas, muchas otras personas como nosotros que quieren dormir hasta tarde los lunes, y hacer lo que quieran con sus vidas.

¿Cómo nos programan para ser sumisos?

La comediante Ellen Goodman lo explica mejor:

"Se ha hecho normal, vestirte con ropa que compraste para el trabajo y conducir entre el tráfico en un coche que sigues pagando –para ir al trabajo que necesitas para pagar por la ropa, el auto, y la casa que dejas vacía todo el día para que puedas costear vivir en ella."

Que horror. Esto sucede, y no nos damos cuenta.

Esa frase es deprimente, y muy, muy cierta.

Pero, ¿podría ser diferente?

Por supuesto. Sin embargo, no cambiará hasta que planeemos un escape de nuestro status quo. Todos hemos escuchado este viejo dicho:

"Si disfrutas lo que haces, nunca tendrás que trabajar un día de tu vida."

Excelente. Eso sería vivir el sueño.

El autor Seth Godin dice:

"En lugar de preguntarte cuándo serán tus próximas vacaciones, tal vez deberías de construir una vida de la que no necesites escapar."

¿Comenzamos a ver la tendencia?

Nuestra felicidad puede elevarse simplemente amando lo que hacemos.

¿Las redes de mercadeo es una carrera para todos?

No. No todos quieren la misma carrera. Sin embargo, hay muchas personas que quieren ingresar en nuestro negocio de redes de mercadeo. ¿Piensas que somos las únicas personas que quieren más tiempo libre, más dinero, y mayor satisfacción en su carrera?

Ciertamente no. Muchas personas tienen los mismos sueños y deseos que nosotros.

Antes de aprender a localizar a estos individuos, demos un vistazo general de las personas con las que entramos en contacto.

Primero, debemos de darnos cuenta de que no todos quieren o deberían participar en redes de mercadeo. Hay muchas razones por las que algunas personas no deberían hacerlo.

Por ejemplo, algunas personas disfrutan su trabajo y carreras.

Están felices con las cosas como están. Nosotros seguramente no queremos cambiar eso.

Digamos que John es el entrenador de basquetbol de la universidad local. Él ama su trabajo. Llega temprano y sale tarde, pero ama cada minuto de su día.

¿Qué piensa su familia? Ellos aman el basquetbol también. Sus hijos participan activamente. Su esposa es la entrenadora del equipo de preparatoria.

¿Qué hace la familia por las noches? Ven partidos de basquetbol.

¿A dónde van de vacaciones? A campamentos deportivos.

Si la familia de John se ganara la lotería, ¿qué es lo que harían? ¿Usarían el dinero para abrir un restaurante? ¿Ir a escalar en las montañas? O ¿seguirían practicando basquetbol y mirando partidos?

Adivinaste. No cambiarían su rutina diaria. Ellos aman lo que hacen. Jugar basquetbol es todo lo que quieren hacer en la vida, y están viviendo sus sueños.

¿John debería tomar tiempo de su vida de ensueño para hacer redes?

Probablemente no.

Sin embargo, hay otro lado de la historia.

Puede que John ame jugar basquetbol, pero su empleo como entrenador no le paga lo suficiente para mantener a su familia y hacer otras cosas que disfruta. O tal vez, su trabajo como entrenador le quita mucho tiempo y no puede estar con su familia.

En este caso, John se convierte en un prospecto ideal para que las redes de mercadeo resuelvan su problema de tiempo y dinero.

Recuerda, es la decisión de John, no nuestra. Depende de John decidir si quiere construir un negocio de medio tiempo, y si los beneficios de una red de mercadeo pueden mejorar su vida.

Nuestro trabajo simplemente es educar a John sobre las posibilidades, y entonces él puede tomar la decisión por él mismo. Nosotros somos responsables de asegurarnos de que John tiene la oportunidad de tomar decisiones, pero no somos responsables por las decisiones que John toma en su vida.

Muchas personas disfrutan de sus carreras y vidas.

Hay muchos maestros, entrenadores, granjeros, banqueros, pescadores, vendedores, enfermeras, conductores, y doctores que aman lo que hacen todos los días. Si están felices y sus carreras les aportan todo el tiempo y dinero que quieren, entonces no son prospectos para nuestra oportunidad de redes de mercadeo.

Están felices. No se los arruines.

Sin embargo, hay muchas más personas que odian sus carreras y vidas. A ellos no les gustan las limitadas oportunidades de progreso. Odian su horario de trabajo, las presiones, y las tareas que deben ejecutar.

Ellos detestan pasar tiempo lejos de sus familias. Quieren más dinero por el tiempo que dedican. Tienen otras metas y sueños más allá de sus empleos o carreras actuales.

Ellos quieren el tiempo, el dinero, la libertad y el potencial de una red de mercadeo. Estas personas son prospectos geniales para nuestro negocio.

La historia de dos hombres.

Dos hombres que son pescadores.

El primer hombre se levanta temprano. A las 4:00am, antes del amanecer, ya está en el bote de pesca de su compañía, listo para el día de trabajo. Todo el día trabaja como pescador. Trabaja arreglando las redes, limpiando los pescados que saca, y buscando nuevas ubicaciones para pescar. Cuando llega la noche, este hombre baja del bote sintiéndose cansado, deprimido y utilizado por que mañana tiene que repetir el mismo día pesado. Pescar es un trabajo, un trabajo duro.

El segundo hombre trabaja en la fábrica local. Los sábados y domingos se levanta a las 4:00am para salir a pescar. Soporta la obscuridad, el frío y el viento. Se va de pesca el fin de semana completo. Ama pescar. De hecho, toda la semana en la fábrica, todo lo que tiene en mente es salir a pescar durante el fin de semana. Pescar es su sueño, su experiencia máxima.

Ahora, ambos son pescadores.

Uno ve la pesca como empleo, un pesado y tedioso empleo. El segundo ve la pesca como un pasatiempo, una experiencia placentera y retadora en la naturaleza.

Esto es verdad en la mayoría de las profesiones. Hay personas que trabajan para compañías de paisajismo que consideran la jardinería como trabajo. Aún así hay otras personas que pagan con gusto costosas herramientas para disfrutar de la jardinería como un pasatiempo relajante. Algunos maestros se aterran de ir a la escuela y dar clases a sus estudiantes. Y hay personas que suplican por la oportunidad de hablar en público e impartir sus mensajes.

Algunas personas detestan sus trabajos en la construcción mientras que otras construyen cocheras y cobertizos para pasar un rato agradable en su tiempo libre.

Si conocer personas y recomendar suena divertido…

Uno de los secretos de la vida es encontrar lo que disfrutas, y hacerlo tu profesión. Eso puede ser casi imposible para muchas personas, pero aquí es donde las redes de mercadeo pueden ayudar.

¿Qué tal si comienzas un negocio en redes de mercadeo? Una vez que aumentas tu ingreso para reemplazar tu sueldo, entonces tal vez puedas tomar el siguiente paso para lograr tus sueños.

Con la seguridad de un ingreso residual regular de nuestro negocio de redes de mercadeo, una persona podría hacer un cambio de carrera sin estrés y no tener que preocuparse por dinero. Ese es sólo uno de los beneficios de una red de mercadeo. Por supuesto, no es el único.

Cuando las personas ven a las redes de mercadeo como la solución financiera para la felicidad de su carrera, estarán gustosos de conversar con nosotros.

Podemos decirles nuestra historia en redes de mercadeo, y el resto depende de ellos.

SI PODEMOS CONTAR UNA HISTORIA, ¡PODEMOS HACER REDES DE MERCADEO!

Las personas que son buenas contando historias ganan el mayor dinero en redes de mercadeo. ¿Por qué?

Por que las personas que cuentan historias son interesantes. Ellos comunican efectivamente su mensaje a los prospectos.

Las personas adquieren sus creencias de sus experiencias. Si alguien vive en un vecindario donde todos tienen un empleo, entonces, esa persona creerá que tener un empleo es la única opción. Si nadie en ese vecindario hace redes de mercadeo para vivir, esta persona probablemente crea que las redes de mercadeo no pueden ser un ingreso de tiempo completo.

No hay experiencia. No hay creencia.

¿Suena familiar?

Nuestro trabajo es comunicar que un negocio de medio tiempo puede aportarle valor a la vida de esa persona.

La historia que debemos de contar.

La venta más grande que tenemos que hacer como emprendedores de redes de mercadeo es mostrarle a nuestro prospecto que ya está haciendo redes de mercadeo todos los días, pero que no está recibiendo un pago por ello.

Una vez que tienen la creencia de que están haciendo redes de mercadeo todos los días, es fácil. Podemos decirle la información sobre nuestra compañía, producto, plan de compensación, pero la decisión de unirse ya ha sido tomada.

Piensa en ello.

Si todos los que conoces creyeran que ya están haciendo redes de mercadeo todos los días, pero no les pagan, ¿qué tan difícil sería asociarlos?

Sería fácil.

Así que todo lo que tenemos que hacer es apoyarlos a tomar una simple decisión. Simplemente tenemos que vender el cambio de creencia sobre redes de mercadeo.

¿Qué ocurre después de que hacemos esta venta? Una vez que nuestros prospectos creen que ya hacen redes de mercadeo todos los días, su siguiente pregunta es:

"¿Cómo hago que me paguen?"

Toda la resistencia desaparece de nuestros prospectos mientras se acercan y escuchan con detenimiento nuestra presentación.

¿Cómo vamos a hacer esa venta?

Contándole a nuestros prospectos una historia.

Ahora, podemos inventar nuestras historias, pero aquí hay algunas historias que me gusta usar. Utilízalas como una guía para tus historias, si deseas.

La historia de las millas de viajero frecuente.

Abordo un vuelo de Londres a Nueva York. Y pago $1,000 por el vuelo.

Tú también tomas un vuelo de Londres a Nueva York, pero gracias a que tú llenaste una simple forma de una página para asociarte al programa de viajero frecuente de la aerolínea, a ti te dieron millas de viajero y a mí no.

Tú y yo hicimos exactamente la misma actividad. A ti te dieron una recompensa. A mí no. A ti te dieron millas de viajero frecuente, que se suman y eventualmente recibes un viaje gratis a Hawai.

¿Qué tal si la aerolínea te dijera que si le dices a tus amistades que se asocien al programa de viajero frecuente, te darán millas extras cada vez que tus amigos ganan millas de viajero frecuente?

Wow. Se lo dirías a todos los que conoces.

¿Y qué tal esto? ¿Qué tal si recibieras millas de viajero cada vez que vuelas… y recibes millas de viajero cada vez que tus amigos vuelan… y si tus amigos recomiendan el programa de viajero frecuente con sus amistades, a ti te dan todavía más millas cada vez que sus amistades vuelen… y así sucesivamente. ¡WOW!

¡Esto sería un programa de viajero frecuente con esteroides!

Bien, las redes de mercadeo funcionan de la misma manera, excepto que no te damos millas de viajero, ¡te damos efectivo!

La historia de respirar.

Imagina que un día, el gobierno dice:

"Cada persona que exhale recibirá un retorno de impuestos. Ganarás unos centavos cada vez que exhales. Y puesto que exhalas cientos de veces por hora, esto puede llegar a ser cientos de dólares por mes. Todo lo que tienes que hacer es registrarte para el beneficio llenando esta simple forma."

Si esto fuese verdad, cuando observaras a alguien exhalando, probablemente no te sentirías mal de acercarte y decir:

–Hey, estás exhalando. ¿Sabías que puedes recibir un cheque extra del gobierno sólo por exhalar?

Por supuesto que te sentirías cómodo dejando que las personas se enteren de que pueden ganar dinero por lo que ya están haciendo. Bien, una red de mercadeo es como un bono por exhalar. Todos hacen redes de mercadeo diariamente. Todos recomiendan una película, restaurante, sitio web, así que no te sentirías mal de aproximarte con una persona y decir:

–Hey, ya estás haciendo redes de mercadeo, ¿sabías que puedes ganar un cheque por eso?

Estas historias generan creencia en nuestros prospectos.

También son una buena manera de apoyar a los nuevos distribuidores a sentirse bien al contactar a sus familias, amigos y compañeros de trabajo.

Y además, estas historias construyen aún más nuestra creencia.

¿Nuestra creencia?

Así es, una gran parte de construir un negocio exitoso es nuestra propia creencia. Debemos sentir y creer que las redes de mercadeo son una grandiosa oportunidad para todos.

Si no tenemos esa poderosa creencia interna, entonces tendríamos que ser vendedores, y eso es duro.

¿Has escuchado esto?

"Los perros saben a quién morder."

Los perros saben si eres amigo o amenaza. Normalmente, los perros lamen a los niños pequeños pero instintivamente saben a cuales adultos morder.

Nuestros prospectos también tienen intuición, un sexto sentido, o un sentimiento sobre nosotros y nuestras creencias. Así que debemos de manejar nuestras creencias cuidadosamente para no sabotear nuestros esfuerzos de construcción de negocio.

¿Quieres otra historia para apoyar nuestra creencia sobre redes de mercadeo?

La historia del Seguro Social.

Imagina que tú y yo tenemos 85 años de edad. Un día, yo llego contigo y te pregunto:

–Hey, ¿ya recibiste tu cheque de pensión del Seguro Social?

Y tú respondes:

–¿Cómo dices?

Yo repito la pregunta:

–¿Recibiste tu cheque de retiro por parte del Seguro Social este mes?

Tú frunces el ceño y dices:

–¿Cheque de retiro del Seguro Social? ¿Eso qué es?

Yo te explico:

–Ya sabes sobre el cheque de pensión del Seguro Social, ¿no es así? Es el cheque que el gobierno nos da cada mes sólo por ser adultos mayores. Una vez que cumples 65 años, llenas un pequeño formato y el gobierno te envía un cheque de pensión cada mes, sólo por ser mayor.

Tú dices:

–¡Oh no! ¡Yo no sabía de eso! Y aquí estoy, con 85 años de edad, y por los últimos 20 años pude haber recibido todo ese dinero extra. Dejé pasar 240 cheques de dinero gratis del gobierno.

Así que, ¿cómo te sentirías si eso te ocurriera? Bastante mal. Nadie te dijo que podrías estar recibiendo esos cheques.

¿Y cómo te sentirías si te dijera esto?:

–Oh, cuanto lo siento. Yo siempre supe sobre estos cheques mensuales. Supongo que nunca me tomé la molestia de mencionarlo durante los últimos 20 años. Yo pensé que no estarías interesado en recibir ese dinero gratis del gobierno.

Estarías molesto. ¡Muy molesto!

Es por eso que debemos decirle a todos los que conocemos que las personas ya hacen redes de mercadeo todos los días, pero no están recibiendo un pago por hacerlo. Ellos no saben esto, y no saben cómo cobrar ese cheque.

Luego, si están interesados en cobrar ese cheque extra, pueden preguntarnos los detalles.

No queremos que uno de nuestros amigos regrese con nosotros en cinco años, 10 años, o 20 años y diga:

–¿Por qué no me dijiste que ya estaba haciendo redes de mercadeo todos los días, pero sin recibir un pago por ello? ¿Qué clase de amigo eres para ocultarme ese tipo de información? ¡Pude haber ganado esos cheques extra cada mes!

Ahora que sabes que las redes de mercadeo son geniales para nosotros, ¿estamos listos para tomar la decisión de salir adelante?

TOMAR LA DECISIÓN DE SALIR ADELANTE.

"La mejor manera de predecir el futuro es crearlo."

-Peter Drucker

Zig Ziglar una vez preguntó a su audiencia: –¿Puedes hacer algo para hacer que tu vida **empeore** dentro de tres semanas?

La audiencia dijo: –Sí, por supuesto.

Esto fue fácil de visualizar y aceptar.

Luego Zig dijo: –¿Pueden hacer algo para hacer que tu vida **mejore** dentro de tres semanas?

¡Ajá! Ahora la audiencia tiene que aceptar que puede hacer algo.

Esto significa que tenemos el control de nuestras vidas. No somos víctimas de las circunstancias. Y, deberíamos dejar de culpar a otros por nuestras situaciones actuales.

Zig Ziglar tenía una manera genial de hacer que este mensaje se quede dentro de la cabeza de la audiencia. Ahora creían que podían cambiar sus vidas, y que eran responsables por sus resultados.

¿Y qué estamos pensando?

Cuando queremos tomar la decisión de comenzar nuestro negocio de redes de mercadeo, estos pensamientos nos llegan a la cabeza:

"No quiero cometer un error."

"¿Qué tal si tomo la decisión equivocada?"

"Necesito pensarlo más y retrasar la decisión tanto como sea posible."

"¿Qué tal si fracaso?"

"Tal vez debería tomarme mi tiempo y pensar sobre esto."

Y seguimos pensando... y pensando... y pensando. Oh, si tan sólo pudiéramos tomar una decisión, cualquiera que sea, sería fabuloso. Podríamos continuar con nuestras vidas.

Pero no. Eso sería demasiado fácil. Insistimos en seguir torturándonos con la indecisión. No nos damos cuenta de que "no tomar una decisión" realmente es tomar una decisión de continuar con las cosas como están.

Por ejemplo, el tren está llegando a la estación. No sabemos si éste es el tren que debemos abordar. Y pensamos, pensamos, pensamos... y en poco tiempo, el tren está saliendo de la estación. Nuestra falta de decisión, de hecho se convirtió en una decisión.

No abordamos el tren.

Entonces, si continuamos retrasando nuestra decisión de comenzar, estamos tomando una decisión muy efectiva para mantener nuestras vidas igual.

Mantener nuestras vidas igual está bien. Es sólo que deberíamos de tomar la decisión conscientemente.

Aquí hay algunas preguntas que podemos hacernos. Estas preguntas nos apoyarán a tomar una decisión consciente sobre qué es lo mejor para nuestras vidas:

1. ¿Qué ocurrirá si no comenzamos nuestro negocio?

Por supuesto que la respuesta es: "Nada."

La vida seguirá igual. Mañana lucirá tal como hoy. Nos levantaremos temprano, conduciremos al trabajo, regresaremos por la noche, comeremos algo mientras la TV nos arrulla y después a dormir. Así es, experimentaremos esta rutina una y otra y otra vez –hasta que estemos demasiado viejos para trabajar.

No es una buena imagen, ¿no es así? Ahora, si **decidimos** dejarlo todo como está, si decidimos esquivar una oportunidad, está bien. Estamos tomando una decisión consciente.

2. ¿Qué piensas que sucederá el próximo año si decidimos no hacer cambios este año? ¿Seguiremos en la misma posición que ahora, pero un año más viejos?

3. ¿Pensamos que la rutina del trabajo (50 semanas de cinco días y dos semanas de vacaciones por año) cambiará?

4. ¿Nos causa estrés tomar el riesgo de un cambio en nuestra vida diaria? ¿Deberíamos simplemente relajarnos y continuar con nuestra vida tal como está?

5. ¿Nuestro plan de retiro consiste en ganarnos la lotería? Si es así, ¿consideramos que sea un buen plan?

Todas estas preguntas nos recuerdan que el dolor de estos problemas no se irá al retrasar una decisión. Necesitamos decidir ya.

¿La razón #1 del fracaso?

Fracasar en comenzar.

Podemos derrotar la razón #1 del fracaso al simplemente dar el primer paso hacia adelante.

No tenemos que esperar hasta saber cómo hacerlo todo.

Sólo necesitamos comenzar. ¿La mejor forma de hacerlo? Simplemente contacta a tu patrocinador ahora, y comiencen a trabajar juntos **ahora**.

¿Pagaremos nuestras cuotas para el éxito?

Imagina esto.

Hay dos personas, John y Mary.

John comienza su negocio de redes de mercadeo. Es perezoso, no escuchas las llamadas de teleconferencia, no aprende nuevas habilidades, evita hablar con prospectos, y rara vez entrega muestras de producto.

Su conocimiento "de campo" de hablar con prospectos es "cero." John simplemente se sienta en su sillón y espera un golpe de suerte… ¡y llega!

El prospecto perfecto con los contactos perfectos, en el momento perfecto. ¡Excelente!

¿Y qué ocurre con el negocio de John?

Nada.

John no tenía ni idea de qué decir.

Mary comienza su negocio de redes de mercadeo. Ella se conecta a todas las llamadas de teleconferencia que puede, aprende nuevas habilidades, habla con prospectos "en vivo," y entrega bastantes muestras.

Ella aprende cómo comunicarse con los prospectos. Y mientras tanto, acumula experiencia.

Mientras que Mary trabaja e interactúa con prospectos, ¡el prospecto perfecto aparece!

El prospecto perfecto con los contactos perfectos, en el momento perfecto.

¡Excelente!

¿Y qué ocurre con el negocio de Mary?

Explota.

¿Por qué?

Por que Mary tenía experiencia. Ella tuvo interacciones con prospectos a diario. Cada ocasión que entregaba una muestra, ella aprendía un poco más sobre cómo tratar con personas.

Así que cuando el prospecto perfecto apareció, Mary sabía cómo comunicarse y recomendar.

La moraleja de la historia es:

¡Debemos de pagar nuestras cuotas!

¿Listo para comenzar nuestro viaje?

Un viaje de mil kilómetros comienza con el primer paso. Pero, ¿no sería genial si nuestros primeros pasos fueran en la dirección correcta? No queremos viajar a toda velocidad en la dirección equivocada.

Un viejo dicho.

Dice más o menos así:

"Si lo escucho, lo olvido. Si lo veo, lo recuerdo. Si lo hago, lo comprendo."

No podemos comprender realmente este negocio leyendo solamente. Tenemos que hacerlo y experimentarlo.

CÓMO TOMAR NUESTRO PRIMER PASO.

El primer paso es nuestro paso más importante. Si esperamos un año hasta sentir que nuestras circunstancias son ideales, perderemos un año de progreso en nuestro negocio.

Estaríamos mucho más adelante en nuestro negocio si comenzamos a tropezar y buscar a tientas el camino a seguir. No tenemos que esperar hasta saber cómo hacerlo todo.

Solo necesitamos comenzar.

¿Abrumado y quieres saber qué hacer primero?

Aquí tienes cuatro fáciles tareas diarias para comenzar a construir nuestro futuro en redes de mercadeo.

1. Agregar un nuevo prospecto a nuestra lista a diario. Conoce a una nueva persona. Ponte en contacto con alguien del pasado. Haz una nueva amistad en Facebook. (Es difícil desanimarnos y renunciar cuando tenemos muchos prospectos.)

2. Hablar con una persona sobre nuestra oportunidad o productos. (Sólo toma un minuto si sabemos las palabras correctas.) Esta exposición consistente nos asegura que eventualmente conoceremos personas que quieren unirse debido a que el tiempo es el correcto.

3. Hacer una actividad que crea lealtad en nuestro negocio. Envía un artículo motivacional, ofrece apoyar a alguien, comparte una idea de prospección, o un testimonio de producto o reporte de investigación.

4. Aprender más habilidades.

H. Jackson Browne dijo: "Puedes hacerla con encantos por unos 15 minutos. Después de eso, más vale que sepas algo." Entre más habilidades que aprendamos, más rápidamente crecerá nuestro negocio. Podemos leer un libro de "Big Al" 15 minutos al día, y con el tiempo, aprender grandiosas habilidades para construir nuestro negocio rápidamente.

Todas estas cuatro tareas pueden completarse temprano en el día, y podemos tomar libre el resto del día. Hacer consistentemente estas cuatro tareas hará que nuestro negocio de redes de mercadeo salga adelante.

¿LISTO PARA APRENDER HABILIDADES Y HACER QUE TU NEGOCIO EN REDES DE MERCADEO SALGA ADELANTE?

Dos cosas que puedes hacer de inmediato:

1. Entra en **BigAlReport.com** y consigue el Reporte semanal de Big Al gratuito y aprende frases geniales para construir tu negocio rápido. Todo mundo puede pagar cosas gratis.

2. Entra en **BigAlBooks.com** y elige un libro o audio para comenzar a aprender habilidades para redes de mercadeo ahora. Entre más pronto aprendemos, más pronto cobramos.

MÁS LIBROS

Los Cuatro Colores de Las Personalidades para MLM
El Lenguaje Secreto para Redes de Mercadeo

Rompe El Hielo
Cómo Hacer Que Tus Prospectos Rueguen Por una Presentación

¡Cómo Obtener Seguridad, Confianza, Influencia Y Afinidad Al Instante!
13 Maneras De Crear Mentes Abiertas Hablándole A La Mente Subconsciente

Primeras Frases Para Redes De Mercadeo
Cómo Rápidamente Poner A Los Prospectos De Tu Lado

MLM de Big Al la Magia de Patrocinar
Cómo Construir un Equipo de Redes de
Mercadeo Rápidamente

**Cómo Prospectar, Vender Y Construir Tu
Negocio De Redes De Mercadeo Con
Historias**

**Cómo Construir LíDERES En Redes De
Mercadeo Volumen Uno**
Creación Paso A Paso De Profesionales En MLM

**Cómo Construir Líderes En Redes De
Mercadeo Volumen Dos**
Actividades Y Lecciones Para Líderes de MLM

**Cómo Hacer Seguimiento Con Tus
Prospectos Para Redes De Mercadeo**
Convierte un "Ahora no" En un "¡Ahora
mismo!"

BigAlBooks.com/spanish

Traducción por
Alejandro González López

SOBRE EL AUTOR

Keith Schreiter tiene más de 20 años de experiencia en redes de mercadeo y MLM. Es co-autor de los libros:

- *51 Maneras Y Lugares Para Patrocinar Nuevos Distribuidores: Descubre Prospectos Calificados Para Tu Negocio De Redes De Mercadeo.*
- *Cómo Hacer Seguimiento Con Tus Prospectos Para Redes De Mercadeo: Convierte Un "Ahora No" En Un "Ahora Mismo."*
- *¡Comienza A Hacer Súper-Redes! 5 Simples Pasos Para Crear Tu Propio Grupo De Referidos.*

Keith le muestra a los empresarios de redes cómo usar sistemas simples para construir un negocio estable y en crecimiento.

¿Necesitas más prospectos? ¿Necesitas que tus prospectos se comprometan en lugar de estancarse? ¿Quieres saber cómo enganchar y mantener tu grupo activo? Si este tipo de habilidades son las que te gustaría dominar, entonces disfrutarás su estilo "paso a paso."

Keith imparte conferencias y entrenamientos en Estados Unidos, Canadá y Europa.